arc-en-ciel
cascade

Le champion des papas

Texte de Stéphane Daniel
Illustrations de Christophe Besse

RAGEOT • ÉDITEUR

Pour Isabelle.
Vive la gym et ma frangine !

Collection dirigée par Caroline Westberg

ISBN 2-7002-2699-2
ISSN 1142-8252

Une parole malheureuse

Le soleil de mai inonde la cour. Même les moineaux regardent le match, ils ont pris les branches de marronniers pour des gradins.

– Par ici ! me crie Mathieu qui déboule sur ma droite.

Je bloque le ballon, je feinte Joël qui me fonce dessus et je passe.

Mathieu est à la réception, il est seul sous le panneau, le ballon s'envole... et rebondit sur le panier. Joël le récupère. Déception générale dans mon équipe...

Brahim s'approche de moi.

– Celui-là, toi, tu ne l'aurais pas manqué !

Je souris. Possible. Mais nous en reparlerons plus tard, il faut se replacer en vitesse car nous sommes à égalité 28 à 28, et la récré s'achève dans trois minutes. C'est le moment ou jamais.

Je démarre comme un bolide.

Je m'interpose entre Jean-Yves et notre panneau. Pendant qu'il dribble, mon bras se détend vif comme l'éclair pour lui chiper le ballon, puis je pique un sprint droit devant. J'efface deux, trois adversaires et je tire.

Là-bas, le filet frissonne et recrache le ballon !

30 à 28.

Une forêt de bras levés m'entoure, je claque les mains que les joueurs de mon équipe me présentent, comme à la télé.

– Félix le champion !
Félix le champion !

Je ne sais pas pourquoi mais j'adore cette chanson.

La cloche sonne, marquant la fin du match. On serre la main de nos adversaires. Les yeux de Jean-Yves sont remplis de colère, ou de jalousie. Mon équipe, celle de Morloing, a encore gagné contre Prélong, la sienne. Et grâce à qui ?

Grâce à bibi champion !

En classe, les deux équipes se mélangent et on redevient le CE1/CE2 de l'école Gaétan-Picombière. Notre école est située à Prélong, dans la Sarthe, à quelques kilomètres de La Flèche. Morloing-sur-Ouze et Prélong-sur-Ouze sont deux villages qui bordent un affluent du Loir. Les enfants des deux villages ont été regroupés dans une même classe. Un bus m'amène chaque jour sur les lieux de mes exploits.

Ces exploits sont surtout sportifs. Félix le champion, voilà mon surnom. Je suis premier en basket,

premier en course, premier en balle au prisonnier, premier en épervier... Je suis le premier des premiers partout. À de rares exceptions près... En orthographe, je suis huitième, et en géométrie avant-dernier. Mais ça ne compte pas, ce n'est pas du sport.

La maîtresse, qui nous a demandé de sortir nos cahiers de sciences, réclame le silence. Elle a bien du mal à l'obtenir, on commente le match.

– Quand même, me glisse Mathieu mon voisin et plus fervent admirateur, t'es une bête en sport ! Comment tu fais ?

– C'est de famille, je réponds sans réfléchir.

Jean-Yves, qui est placé devant moi, dessine une feuille de platane sur son grand cahier avec les nervures et tout, mais il ne perd pas un mot de la discussion.

– De famille ? Ça m'étonnerait ! ricane-t-il. Devant mon père, je suis sûr que le tien il s'écrase comme une bouse de vache !

Tout le monde a entendu, Joël, Brahim, et puis Cindy et Lilou.

– Tu paries ? je lui lance. Mon père a gagné tellement de coupes quand il était jeune qu'on a été obligés de construire un deuxième garage pour les ranger !

– Ah ouais ? Et des coupes de quoi ? demande Jean-Yves en se retournant.

– Des coupes de tout ! Basket, tennis, foot, karaté…

Jean-Yves hausse les épaules et se penche à nouveau sur sa feuille.

– J'aimerais bien voir ça… dit-il pour clore la discussion.

Il y a peu de chance qu'il voie ça un jour.

Heureusement.

Mon père en short

– Si nous parlions du programme de la kermesse, les enfants ? propose la maîtresse.

C'est vrai que le mois de juin approche. Nous avons bien mérité de faire la fête !

– J'ai pensé que nous pourrions changer de formule cette année, qu'en pensez-vous ?

La formule dont elle parle est simple, ce sont des jeux sportifs, comme des mini Jeux olympiques.

– Moi j'ai une idée ! lance Jean-Yves.

Toutes les têtes se tournent vers lui.

– Laquelle ? dit la maîtresse.

– Pourquoi on ne demanderait pas aux parents de participer cette fois ?

– Mais ils participent déjà assez, Jean-Yves ! Nous ne pouvons les solliciter davantage et...

– Non ! la coupe-t-il. Je voulais dire participer vraiment ! Qu'ils subissent les mêmes épreuves que nous !

Dans la classe, il remporte un succès immédiat. « Idée géniale ! » « Super ! » Il se retourne vers moi et m'adresse un clin d'œil.

– Tu en penses quoi, Félix ?

– Excellente idée ! je dis.

J'avais complètement oublié nos histoires de pères champions, mais pas lui.

C'est une véritable catastrophe.

Devant l'enthousiasme général, la maîtresse promet de soumettre cette proposition aux parents :

– Ce sera une bonne occasion de resserrer les liens entre eux.

Je suis cuit. Pourvu que les parents refusent.

Ils ont accepté. Tous. Sauf les miens.

La raison en est simple : je ne leur ai rien dit. Je n'ai même pas donné la feuille distribuée par la maîtresse en début de semaine.

Et j'ai essayé de ne pas y penser à moins de deux mètres d'eux, au cas où ils capteraient des ondes à l'intérieur de mon crâne.

Les parents ont jusqu'à ce soir pour s'inscrire aux épreuves.

– Alors, ton père, il s'est décidé ? me demande Jean-Yves pendant qu'on fait la queue pour la cantine.

– Il est partant, tu penses ! dis-je d'une voix forte pour que Mathieu, Brahim et Lilou qui nous suivent dans la file m'entendent. Mais il n'est pas certain d'être là le jour de la fête. À cause de son travail…

Brahim avance sa tête et colle

presque sa bouche contre mon oreille pour m'interroger.

– Il fait quoi ?

– Informatique.

Mon père tape toute la journée sur le clavier de son ordinateur. Ne me demandez pas CE qu'il tape, ni POURQUOI il tape, je ne sais pas. En tout cas, il reste assis toute la journée. Ce n'est pas très bon pour les muscles…

– En quoi ça l'empêche d'être à la fête ?

Il m'énerve, Brahim.

– Peut-être qu'il aura un client à voir à Paris ce jour-là. Vous croyez que ça m'amuse ? J'aurais préféré qu'il participe pour vous mettre la honte !

Jouer les déçus. En général, ça marche. Seul Jean-Yves n'a pas l'air convaincu. Je crois déceler dans son œil une sorte de sourire qui ne me plaît pas. Pas grave, plus que quelques heures à tenir.

16 heures 30. Je bénis la sonnerie, elle marque ma délivrance.

Mes affaires rangées, je sors de l'école pour prendre le car.

17 heures 15, je pousse la porte de ma maison. Papa est dans son bureau, penché sur son ordinateur. Je l'embrasse rapidement et je file dans ma chambre. Pour un peu, je danserais autour de mon bureau. Mon plan a marché !

Mes devoirs expédiés, je m'offre une séance de rollers, suivie d'une douche et je me retrouve à table devant un ragoût appétissant.

Je suis Félix le champion et la vie est belle.

– Au fait, me dit papa en se brûlant la langue avec une pomme de terre fumante, c'était moins une pour la fête de ton école !

Ma bouchée se coince. J'ai l'impression d'avoir le mouton entier dans la gorge.

– Hein ? Quelle fête ?

– Celle de juin. Le père de ton copain Jean-Yves m'a téléphoné cet après-midi. Les parents peuvent concourir cette année. Riche idée ! Pourquoi n'as-tu rien dit ?

– J'ai oublié, je mens. Mais on a le temps pour les inscriptions !

– Tu veux rire ? Aujourd'hui dernier délai ! Heureusement, j'ai appelé la directrice tout à l'heure. Il était moins une !

– On va bien s'amuser, dit maman en caressant la joue de papa. Je me demande si je t'ai vu une seule fois en short...

Je ferme les yeux.

Mon père en short, moi, je suis sûr que je ne l'ai jamais vu.

L'entraînement

– J'espère qu'il s'entraîne, ton père ! lâche Jean-Yves.

– Ne t'inquiète pas, il sera prêt et archi prêt !

Plus la date de la kermesse approche, et elle approche à grands pas, plus je crains le pire.

Impossible de revenir en arrière, je dois continuer à vanter les futures prouesses de mon père, genre : vous allez voir il va vous en mettre plein la vue, il va tous vous épater !

Si seulement il pouvait tomber malade... C'est mon dernier espoir. Pas une maladie grave, disons un 40 °C de fièvre avec une toux persistante. Un virus bien costaud. Quelque chose qui lui passe l'envie d'enfiler son short.

Je rentre chez moi en traînant les pieds. J'ai l'impression que mon cartable est rempli de grosses pierres. Mes poches aussi.

Maman m'accueille avec un bol de chocolat fumant. Je me précipite dessus. Un trait chaud me coule dans le ventre. Je lève la tête.

– Au fait, je n'ai même pas dit bonsoir à papa !

– Inutile de te déplacer, il est sorti juste avant que tu n'arrives, répond maman. Tu ne l'as pas croisé ?

– Non. Il est parti où ?

– Faire un footing.

– Un quoi ?

– Un footing, répète maman, il veut retrouver la forme avant les épreuves de la fête. Il prend ça au sérieux, tu sais. Je pense qu'il ne veut pas paraître ridicule devant son fils…

Elle m'embrasse et sort de la cuisine. Je reste sans voix.

Soudain, j'entends la porte d'entrée s'ouvrir à la volée, et un son rauque me parvient, comme si un éléphant de mer venait de s'échouer sur le paillasson. Puis maman pousse un cri aigu :

– Mon Dieu, Charles ! Que t'est-il arrivé ?

Je me précipite dans le couloir.

Papa est adossé contre la porte, méconnaissable. Il a la bouche ouverte, sa tête est toute rouge, on dirait un énorme poivron avec des cheveux en bataille. Ses yeux roulent comme des billes. Le son étrange qu'on percevait de la cuisine, c'était sa respiration.

J'examine sa tenue. Il porte un sweat-shirt noir où est écrit « IBM vous aime » et un short bleu d'où sortent des jambes blanches et maigres qui tremblent dans sa paire de tennis neuves.

– Y ai 'eut-êt'e été… un 'eu 'ort 'our une… reprise… halète-t-il.

– Oh mon pauvre chéri, dit maman en s'approchant de lui, qu'est-ce que tu racontes ?

– Qu'il y a été un peu fort pour une reprise, je traduis, fasciné par le spectacle.

S'appuyant contre le mur, papa ferme la porte d'un coup de talon et chancelle en direction de la salle de bains.

– Je vais prendre une bonne douche, articule-t-il en essuyant la sueur qui lui dégouline sur le visage, ça va me requinquer.

Je le regarde disparaître, affolé. En comptant large, il a couru un petit quart d'heure et le voilà transformé en serpillière.

L'année dernière, le père de Jean-Yves a participé au marathon d'Angers. 42 kilomètres ! Et il a fini l'épreuve.

Ça va être un massacre…

C'est ma fête

L'école est en habits de fête.

On l'a décorée de guirlandes en papier crépon, de colliers de ballons, on a exposé nos dessins.

Et en plus la chance nous sourit : un soleil magnifique peint le ciel en bleu.

La maîtresse s'agite dans tous les sens. Elle court de la classe au préau, sous lequel le buffet est installé, puis elle nous communique les consignes sur le déroulement de la matinée.

Les parents ont répondu présents, sauf un père, cloué au lit par une fièvre foudroyante. Mon souhait a été exaucé. Mais il s'est trompé de papa. C'est celui de Lilou qui a déclaré forfait...

Les concurrents se préparent. Vingt pères et mères de Morloing, vingt autres de Prélong, tous sélectionnés dans les deux classes de CE et de CM. L'un d'eux, qui a longtemps été bénévole dans un club de foot, a même fourni des maillots. Morloing sera en jaune, Prélong en bleu.

La directrice de l'école, madame Bove, s'avance au milieu de la cour et se colle une sorte de gros entonnoir devant la bouche.

– Mesdames et messieurs, je vous demande d'accueillir les deux équipes !

En file indienne et sous un tonnerre d'applaudissements, les parents bleus et jaunes débouchent dans la cour en saluant la foule. Tous mes copains se tordent de rire en découvrant leur père ou leur mère en tenue de compétition.

Moi, j'en suis malade. Papa est en tête de l'équipe jaune. Je ne vois que ses jambes trop maigres, son ventre un peu rebondi. Et j'imagine les commentaires de Jean-Yves quand les épreuves vont commencer. J'aimerais disparaître sous terre.

– Les candidats vont s'affronter au cours de quatre épreuves, reprend la directrice. Course en sac, séance de tirs au panier, tir à la corde et tir à l'arc. Que les meilleurs gagnent !

C'est parti depuis un quart d'heure. Dès le début, j'ai repéré le papa de Jean-Yves chez les bleus ; un grand, avec des muscles plein les cuisses et des épaules carrées. Les concurrents s'affrontent deux par deux à la course en sac. Pour l'instant, Prélong mène par 6 victoires à 5.

Le public est regroupé autour de la piste et encourage tous les participants. La maman de Cindy a remporté un incroyable succès, un vrai kangourou ! Elle a laissé le père de Mathieu à cinq mètres derrière elle. Il l'a félicitée sportivement. Je croise les doigts, je sens que le sort va s'acharner sur moi.

Gagné…

Le père de Jean-Yves se présente sur la ligne de départ et papa s'aligne à ses côtés. Ils se serrent la main.

Puis ils s'accroupissent, agrippent à pleines mains le bord de leur sac et le remontent comme s'ils enfilaient le pantalon de Babar.

– À vos marques ! Prêts ? Partez !

La course du père de Jean-Yves, voilà ce qu'elle fait : hop, hop, hop, hop, hop...

Et celle de papa : hop, hop, boum, hop, plaf, hop, hop, badaboum...

Il n'arrête pas de tomber et comme, en plus, il se bidonne, il a de plus en plus de mal à se relever.

Évidemment, le père de Jean-Yves gagne haut la main, mais c'est papa qu'on applaudit.

On me frappe sur l'épaule.

– Champion, ton père !

Accompagné de Brahim et Joël, Jean-Yves se fiche de moi. Rouge de honte, je ne réponds rien. Ils savent que je les ai baratinés.

Je ne sais plus où me mettre. Et la kermesse ne fait que commencer.

C'est sa fête

À l'issue des deux premières épreuves, Prélong mène par 24 à 16.

Tout à l'heure, les tirs au panier ont succédé à la course en sac. Le mieux qu'a fait papa, c'est de toucher une fois le panneau. Mais le filet, jamais. Points rapportés à son équipe : 0.

Pour l'instant, ce n'est pas un cadeau pour ses coéquipiers…

Avant d'entamer le tir à la corde, il file droit sur moi. Je n'ai pas le temps de me cacher qu'il m'a déjà rejoint.

– Qu'est-ce qu'on se marre, me dit-il, enjoué, tu ne trouves pas ?

– Si, je dis en pensant non de toutes mes forces.

– Et puis c'est l'occasion de lier connaissance avec les autres parents. Ils sont très sympas. Bon, j'y retourne !

– Papa, je lui lance presque malgré moi tandis qu'il s'éloigne, essaye de gagner cette fois...

– Je vais tout donner ! répond-il en me montrant un poing serré.

Moi, ce sont les dents que je serre. Je pivote et me cogne presque contre maman. Elle me fixe d'une drôle de façon. Avec son regard spécial qui voit ce que je veux lui cacher.

– Qu'y a-t-il, Félix ? me demande-t-elle doucement. Tu ne sembles pas t'amuser autant que les autres.

– Si si, je t'assure !

Elle pose un genou à terre et prend mon visage entre ses mains.

– C'est un jeu, tu sais, rien qu'un jeu. L'essentiel est de passer un bon moment. Les résultats n'ont aucune importance. Ne prends pas tout ça trop à cœur.

– D'accord, maman.

Je pars retrouver les copains regroupés près des participants. Dix cordes sont posées au sol et deux équipes de dix joueurs se font face. Le jeu se déroulera en deux manches. Je pousse un soupir de soulagement, le père de Jean-Yves est en place et papa est prévu dans la deuxième équipe. Ils ne risquent pas de s'affronter.

La règle est simple, il faut amener son adversaire dans son camp en tirant sur la corde.

Le coup d'envoi est donné.

Le père de Jean-Yves est aux prises avec celui de Mickaël, un élève de CM2. La lutte est féroce mais l'autre est trop fort, et bientôt les pieds du père de Jean-Yves mordent la ligne blanche qui sépare le terrain en deux. Perdu pour lui, mais victoire pour moi !

Si papa a la bonne idée de remporter l'épreuve de tir à la corde, j'aurai de quoi répondre à Jean-Yves s'il revient me titiller.

La seconde équipe, celle de papa, s'est déjà mise en place. Je le repère vite au milieu. Je jette un rapide coup d'œil en face.

Non, ce n'est pas vrai ? Ce n'est pas POSSIBLE ? Mais qu'est-ce que j'ai fait pour mériter ça ?

En face de papa, il y a un monstre. Une sorte de géant plein de muscles qui débordent de partout. Avec les veines qui ressortent sur les biceps.

C'est le père de Sammy. Il est prof de musculation dans une salle de sport. Autrement dit, les muscles, c'est son métier !

Parmi les spectateurs, les rires redoublent. La prestation de papa à la course en sac l'a rendu célèbre.

– Tirez ! crie la directrice.

On assiste au match le plus rapide de toute l'histoire du tir à la corde.

Le géant tire, toc, un petit coup de poignet, et il ramène papa contre lui aussi facilement que s'il pêchait une sardine.

Les pieds de papa ont à peine touché terre. Encore un peu et il se retrouvait dans les bras de son adversaire.

Le public est tordu de rire. Brahim s'approche de moi.

– Il est trop drôle ton père, Félix !

– Oui, je sais...

Mais, dans l'assistance, il y a un rire qui me déplaît.

Celui de Jean-Yves.

Dans le mille

Morloing 27 – Prélong 30.

Il reste une épreuve, celle du tir à l'arc, les deux cibles sont placées sous le préau. Celui qui plante sa flèche le plus près du centre de la cible rapporte un point pour son équipe.

Chez les jaunes, les concurrents s'alignent. Papa concourra en dernier. Il discute avec les autres parents dans la file, le sourire aux lèvres.

Un point pour Morloing, on applaudit le père de Brahim qui ramène le score à 28 à 30.

Jean-Yves se place à ma droite.

– En sport, dit-il, il touche peut-être pas une bille ton père, mais il a l'air vraiment marrant. C'est le champion des comiques.

Je le regarde, prêt à mordre. Ma colère n'a pas le temps d'enfler. Il ne le dit pas pour se moquer, il le pense vraiment. Un instant, j'ai même l'impression qu'il m'envie.

– Le tien, par contre, il se débrouille bien.

J'ai lâché ça un peu inquiet de sa réaction, mais il se contente de hocher la tête, puis me confie :

– Tous les soirs, il court comme un lapin.

Six autres concurrents se sont affrontés. Papa va maintenant entrer en scène. Dans son maillot, il ressemble à un gros canari. Il se retrouve face au père de Didier.

Je demande le score.

Morloing 30 – Prélong 31.

Si papa marque, les deux équipes feront match nul ; s'il perd, son équipe perd.

Les gens encouragent les tireurs, frappent dans leurs mains, papa respire à fond et se campe derrière sa ligne, les jambes écartées.

Le père de Didier tire en premier, sa flèche va se planter dans une bande noire près du centre.

– Dans la zone 8 ! s'exclame la directrice qui s'est approchée de la cible.

C'est la meilleure performance jusqu'à présent…

La foule retient son souffle. Le bras droit de papa se plie, il tire sur la corde en effleurant presque sa poitrine des phalanges.

On dirait Robin des bois.

Chtong ! La flèche fuse et s'enfonce dans la cible en vibrant.

Je n'en crois pas mes yeux.

– En plein dans le mille ! hurle la directrice.

La cour explose. On couvre papa de bravos et tous les concurrents se congratulent.

– Match nul, dit la directrice. On ne pouvait rêver meilleure conclusion.

Je cours rejoindre papa. Il me tend les bras, je lui saute au cou.

– T'as vu ça, Félix ? dit-il. T'as vu ce tir magistral ?

– Tu parles que je l'ai vu !

Le père de Jean-Yves s'approche de papa, il lui flanque une bourrade sur l'épaule. On dirait qu'ils se connaissent depuis toujours.

– On va boire quelque chose ? lui propose-t-il.

– Je crois qu'on l'a bien mérité !

Mais avant de le suivre, papa pose ses mains sur mes épaules. Il est vraiment content.

– Papa ?

– Oui ? me répond-il.

– Tu sais, j'étais sûr que tu étais un champion !

– Tiens donc ! dit-il, surpris. Je ne vois qu'une seule explication à ce mystère…

Il me sourit.

– Je dois tenir ça de mon fils…

Dans la même collection

arc-en-ciel
cascade

Un affreux petit diable
Gilles Fresse – Camille Meyer

Une amitié difficile
Jean-Côme Noguès – Morgan

Animal Circus
Jean Alessandrini – Sophie Kniffke

Boniface roi de la casse
Paul Thiès – Thierry Christmann

Le champion des papas
Stéphane Daniel – Christophe Besse

Un chien sinon rien
Alain Surget – Thierry Nouveau

Une grosse dispute
Geneviève Senger – Thierry Christmann

Grosse peur dans l'ascenseur
Ségolène Valente – Nicolas Julo

L'homme à la veste à carreaux
Catherine Missonnier – Anne Bozellec

J'adore les anniversaires
Stéphane Daniel – Sophie Kniffke

Lulu est trop curieuse
Nadine Walter – Isabelle Dejoie

Pagaille à la cantine
Amélie Cantin – Thierry Nouveau

Le petit ogre et la princesse grenouille
Paul Thiès – Christian Heinrich

Le pirate qui détestait l'eau
Yves-Marie Clément – Morgan

Plumette une poule super chouette
Anne-Marie Desplat-Duc – Morgan

Une sorcière pas comme les autres
Monique Hion – Anne Bozellec

Tonton la Bricole
Christian Grenier – Christophe Besse

Achevé d'imprimer en mars 2001
sur les presses de l'Imprimerie Moderne de l'Est
25110 Baume-les-Dames
Dépôt légal : mars 2001
N° d'édition : 3549
N° d'impression : 14565